VENTE

Du Lundi 24 Mai 1909

HOTEL DROUOT, SALLE N° 2

à deux heures

MEUBLES ANCIENS

OBJETS D'ART — TABLEAUX

TAPISSERIES

TAPIS

M° E. ORIGET
COMMISSAIRE-PRISEUR

M. GEORGES GUILLAUM
EXPERT

CATALOGUE

DES

Meubles Anciens

GOTHIQUE, RENAISSANCE, EMPIRE

Coffres — Cabinet — Armoires — Bureau
Ancien Clavecin, Stalles et Sièges divers

OBJETS D'ART ET DE CURIOSITÉ

PORCELAINES ET FAIENCES, MARBRE, TERRES CUITES
Horloges Louis XIV et leurs socles d'appliques

IMPORTANTE SUITE DE

QUATRE ANCIENNES TAPISSERIES D'AUBUSSON

TABLEAUX ANCIENS ET MODERNES

Tapis — Tentures — Objets variés

DONT LA VENTE AURA LIEU

HOTEL DROUOT, SALLE N° 2

Le Lundi 24 Mai 1909, à 2 heures

COMMISSAIRE-PRISEUR	EXPERT
Mᵉ E. ORIGET	**M. GEORGES GUILLAUME**
3, boulevard de Sébastopol	4, rue Chalgrin

EXPOSITION PUBLIQUE

Le Dimanche 23 Mai 1909, de 1 h. 1/2 à 5 h. 1/2

CONDITIONS DE LA VENTE

La vente sera faite au comptant.

Les adjudicataires paieront *dix pour cent* en sus des enchères.

L'exposition mettant le public à même de se rendre compte de l'état et de la nature des objets, *aucune réclamation* ne sera admise une fois l'adjudication prononcée.

Paris. — Imp. de l'Art, Ch. Berger, 41, rue de la Victoire.

DÉSIGNATION

OBJETS D'ART
FAIENCES, PORCELAINES ET DIVERS
HORLOGES

1 — Deux tasses Empire et leurs soucoupes; Sèvres, à réserve de paysage sur fonds bleu et vert.

2 — Cafetière Empire en porcelaine, à décors de groupe d'amours en réserve sur fond blanc, à fleurs.

3 — Petit service Empire en ancienne porcelaine blanche, comprenant un plateau, une cafetière, un sucrier, un pot à crème, deux tasses et leurs soucoupes.

4 — Service à café Empire en porcelaine partiellement dorée, composé d'un sucrier, d'un pot à crème, d'une cafetière et de deux tasses avec leurs soucoupes.

5 — Cafetière en porcelaine de Louisbourg.
à décor de personnages et de rinceaux
dorés.

6 — Petit sucrier et son couvercle en porcelaine de Sèvres, à décor de fleurettes
et de couronnes dorées.

7 — Petit pot à crème, même porcelaine, à
décor de personnages en réserve sur
fond rose.

8 — Petite statuette d'amour forgeron en
porcelaine de Paris.

9 — Statuettes d'homme et de femme en
porcelaine d'Allemagne.

10 — Paire de salières doubles, à décor
d'amours, même porcelaine.

11 — Paire de vases en porcelaine de Saxe,
à décor de fleurs et fruits en relief.

12 — Cache-pot en céladon à cannelures ;
monture en bronze ciselé et doré, de
style Louis XV.

13 — Deux bols et leurs couvercles en porcelaine de Chine.

14 — Cruche couverte et sa cuvette en porcelaine décorée à fleurs.

15 — Deux chiens de Fô en faïence décorée.

16 à 18 — Cinq grands plats variés et deux soucoupes : Chine, Delft, Rouen et Japon. (Sera divisé.)

19 — Bénitier en faïence italienne décorée de figures.

20 — Plat en faïence italienne, dans un cadre doré.

21 — Deux bouteilles en terre vernissée, à décor de personnages et de branchages. Travail chinois.

22-23 — Lots de petits sujets en faïence, pierre de lard et bronze : animaux, personnages, divinités hindoues et autres. (Sera divisé.)

24 — Tabatière en cuivre ciselé ; une autre en bronze patiné et gravé.

25-26 — Douze petits masques en bronze du Japon.

27 — Coffret en fer forgé, rehaussé de peintures.

28 — Torchère, de style Renaissance, en
cuivre ciselé et repoussé ; préparée pour
l'électricité.

29 — Epée de croisé, à poignée d'argent et
fourreau de cuir.

30 — Paire de coffrets en marqueterie de
bois, ornés de sculptures en os.

31-32 — Deux statuettes en terre cuite de
Femme nue et de *Jeune Bacchante*.
Signées : *Carrier-Belleuse*.

33 — Groupe en marbre : Léda et le cygne.

34 — Pendule, de style Louis XVI, en marbre blanc, ornée de bronze ciselé et doré
à rinceaux, rosaces et vases de flammes
et de médaillons en biscuit.

35 — Pendule Louis XVI en marbre blanc,
à quatre colonnettes, ornée de bronze
ciselé et doré ; cadran marqué : *Pio-
laine, à Paris*, entouré de palmes et
surmonté d'un vase.

36 — Horloge Louis XV et son socle d'applique en bois décoré au verni, ornée de
bronze ciselé et doré.

37 — Horloge Louis XIV et son socle d'applique en marqueterie de cuivre, ornée
de bronze ciselé et doré et surmontée
d'une statuette de jeune bacchant.

38 — Grande horloge à gaine en acajou ciré,
à décor de palmettes et colonnes à cannelures obliques.

39 — Importante horloge Louis XIV et son
socle d'applique en marqueterie de cuivre sur écaille, surmontée d'une statuette de Minerve et ornée de bronzes
ciselés et dorés : figures, torsades,
culs-de-lampe, etc.

TABLEAUX

COROT (Manière de)

40 — *Paysage boisé, animé de personnages et de bestiaux.*

DEFAUX

41 — *Canards et poules au bord d'un ruisseau.*

HESSE

42 — *Portrait ovale de Jeune Homme, en costume 1830.*

Aquarelle gouachée.

ZIEM

43 — *Vue d'un canal à Venise.*

Petite aquarelle.

ÉCOLE FRANÇAISE

44 — *Portrait en buste de Jeune Fille, en robe bleue et coiffée d'un chapeau orné d'une rose.*

Pastel.

ÉCOLE FRANÇAISE (xviiie siècle)

45 — *Portrait d'un Conventionnel.*

ÉCOLE ITALIENNE

46 à 48 — *Portrait d'un Saint personnage.*

— *Galerie de colonnades à l'intérieur d'un Palais.*

— *Trois grandes peintures :* Sujets, tirés de l'Histoire Sainte.

ÉCOLE FLORENTINE

49 — *La Vierge et l'Enfant Jésus.*
Dans un encadrement de fleurs.

50 — Ancienne gouache, présentant un sujet de chasse dans un paysage boisé. (Transformation d'un éventail.)
Cadre en bois sculpté.

51 à 55 — Douze petits portraits ou scènes de genre, peints sur cuivre et sur bois, dans des cadres en bois sculpté et doré. (Sera divisé.)

MEUBLES ET SIÈGES

56 — Grande table-bureau Empire en acajou, ornée de bronzes à palmettes, têtes de femmes, moulures et pieds-griffes, et couverte de peluche verte.

57 — Clavecin Empire en acajou, orné de rosaces et d'étoiles en bronze doré, et tendu de soie jaune à couronnes.

58 — Console en bois sculpté à rocailles, chutes de feuillage, rosaces et couverte d'un marbre gris veiné. xviiie siècle.

59 — Petit canapé, de style Louis XV, en bois sculpté et doré, à fond de canne, et couvert d'un coussin de soie brochée à fleurs.

60 — Petite commode Régence en bois sculpté, munie de poignées et d'entrées de serrures en bronze ciselé et doré.

61 — Meuble Renaissance, à deux corps, en bois sculpté, ouvrant par quatre portes et deux tiroirs, orné de moulures et de lambrequins, et surmonté d'un fronton à voussures.

62-63 — Deux coffres Renaissance en bois
sculpté à cariatides, rosaces, médaillons et rinceaux de fleurs et de feuillage.

64 — Cabinet Renaissance en bois sculpté,
à décor de personnages et muni de pe-
tites portes et de nombreux tiroirs.

65 — Meuble-secrétaire Renaissance en bois
à sculptures de personnages et de groupes divers.

66 — Petite table carrée Renaissance en
bois sculpté à palmettes et rangs de
perles et posant sur quatre pieds-caria-
tides.

67 — Soufflet Renaissance en bois sculpté,
à décor de têtes d'anges et de médaillons écussonnés.

68 — Coffre gothique à fenestrages, rosaces
et écusson, formant armoire basse à une
porte munie de ferrures ajourées.

69 — Meuble gothique à étagères ornées de
galeries et muni d'un tiroir.

70 — Armoire surélevée, formée d'un ancien
devant d'autel en bois sculpté de croix
et de rinceaux à ferrures et munie de
deux portes et d'un tiroir.

71 — Stalle couverte en bois sculpté à ogives
et fenestrages, gothique flamboyant.

72 — Quatre stalles en bois sculpté, de travail gothique, à hauts dossiers ajourés
et accoudoirs ornés de divers animaux,

73 — Quatre chaises en bois sculpté, de travail gothique, à ogives et moulures
variées.

74 — Prie-Dieu en bois sculpté, de travail
gothique flamboyant.

75 — Grand fauteuil, de style gothique, en
bois sculpté, couvert de cuir gaufré à
dorures.

76 — Mobilier de salon, comprenant un canapé, quatre fauteuils et deux chaises
en bois sculpté et doré à guirlandes et
pommes de pin, couverts de soierie rayée
à fleurs.

77 — Mobilier de salon, de style Louis XVI, comprenant un canapé, deux fauteuils et deux chaises en bois laqué blanc et couverts de soierie rose.

78 — Ameublement de chambre à coucher, de style anglais, comprenant une armoire à glace, un lit de milieu, une table de nuit, une toilette et deux chaises.

TAPISSERIES, TAPIS

79 à 82 — Suite de quatre panneaux en ancienne tapisserie d'Aubusson :

— *Bacchus recevant des présents.*

Dimensions : 2 m. 60 cent. $\times$ 2 m. 40 cent.

— *Vulcain forgeant pour la paix.*

Dimensions : 2 m. 10 cent. $\times$ 2 m. 60 cent.

— *Le Triomphe de Cérès.*

Dimensions : 3 m. 20 cent. $\times$ 2 m. 60 cent.

— *Cortège triomphal de Flore.*

Dimensions : 4 m. 50 cent. $\times$ 2 m. 55 cent.

Intéressantes compositions de personnages et de groupes d'enfants parmi des paysages, des constructions ou des jardins fleuris, se détachant sur fonds clairs et entourés de bordures présentant des bouquets disposés sur des baguettes d'encadrement moulurées.

83 — Tapis persan orné de divers dessins et au centre d'un losange crème sur fond bleu et bordure rouge.

Dimensions : 4 m. 75 cent. $\times$ 2 m. 10 cent.

84 — Carpette de Perse à fond jaune, encadrée de rayures rouge et bleu.

    [Dimensions : 1 mètre ; ✕ 2 mètres.

85 — Autre carpette plus petite, à dessins géométriques sur fond jaune et bordure crème.

    Dimensions : 86 cent.; ✕ 1 m. 20 cent.

86 — Carpette d'Orient à quadrillages sur fond noir et bordure crème.

    Dlmensions : 1 m. 15 cent.; ✕ 1 m. 70 cent.

87 — Carpette de galerie, à dessins géométriques rouges et blancs sur fond et encadrement bleus.

    Dimensions : 1 mètre ; ✕ 2 m. 10 cent.

88 — Autre, à dessins d'octogones sur fond bleu et bande crème.

    Dimensions : 1 mètre ; ✕ 2 mètres.

89 — Tapis de prière à fond rouge, entouré d'ornements verts sur bande d'encadrement crème.

    Dimensions : 1 mètre ; ✕ 1 m. 20 cent.

90 à 93 — Lot de quatre tapis de prière d'Orient. (Sera divisé.)

94 — Objets non catalogués.

www.ingramcontent.com/pod-product-compliance
Lightning Source LLC
LaVergne TN
LVHW010852180726
843502LV00010B/3862